JN408770

사랑하는 사람들에게 권해주고픈 마음 따뜻한 詩

프로포즈

김세환 시집

문학공원

문학공원 시선 78

프로포즈

김세환 시집

2013ⓒ김세환

문학공원

<시집을 내며>

사람의 평가 기준은 오직 평판뿐

우리는 흔히 세월이 빠르다 하고 세월이 흐른다고 한다. 그런데 세월은 빨리 가지도 흐르지도 않는다. 늘 동일한 속도로 진행된다. 다만 사람이 그 세월을 연월일 시분초로 구분해놓고 스스로 약속을 어겼느니 늦었느니 빨리 왔느니 아우성인 것이다. 자연은 약속을 지킨다. 한 번도 봄이 오지 않은 적이 없었으며 한 번도 가을이 늑장을 부리고 가지 않은 적이 없다. 그런데 사람은 늑장을 부리거나 지각을 하기도 한다.

흰 머리가 지각해서 나오면 그걸 젊어서 좋다고 하고, 피부가 조금 빨리 노화하면 그걸 늙었다고 한탄한다. 그러면서 마음이 늙는 일, 마음이 파괴되는 일엔 조금의 거리낌도 없다.

모든 것이 마음에서 일어난다. 원래 우리는 아무것도 가지고 오지 않았음으로 아무것도 가지고 갈 자격이 없다. 그럼에도 우리는 땅에 보이지 않는 줄을 긋거나 하늘의 허가도 맡지 않고 빌딩을 쌓아올린다. 그런 것 모두 부질없는 일이다. 돈의 많고 적었음이 사람을 평가하는 기준이 되는 것이 아니라, 우리가 가져갈 것도 놔두고 갈 것도 오직 평판뿐이라는 생각이다.

암에 걸려 곧 죽을 사람들의 말을 들어보면 "좀 더 선하게 살 걸 그랬다. 베풀며 살 걸 그랬다."란 말이 대부분이지 돈 좀 더 벌고 죽을 걸 그랬다는 사람은 아무도 없다. 우린 가끔 선지자들로부터 사랑하고 나누기에도 부족한 시간이라는 말씀을 가끔 듣는다. 내가 무엇을 이루었느냐를 가늠치 말자. 내가 얼마나 욕심 없이 자연과 동화되어 살아가느냐, 얼마나 태어났을 때처럼 순수한가를 가늠해보자.

미천한 글이 시집이 될 수 있다며 용기를 주신 전명숙 편집장님께 감사드린다. 그리고 편집해주시고 너무도 훌륭하게 평해주신 김순진 문학평론가님께 마음에서 우러나는 인사를 올린다. 그리고 나를 아는 모든 친구, 이웃, 가족, 친지들에게 앞으로 함께 가야할 길이 아주 멀리 있으니 손 내밀어 동행을 청한다.

2013년 봄 김 세 환 배상

차 례

1부 숨은그림찾기

2부 그대는 목련꽃

차 례

3부 별을 줍는 밤

4부 꼭꼭 숨어라

작품해설

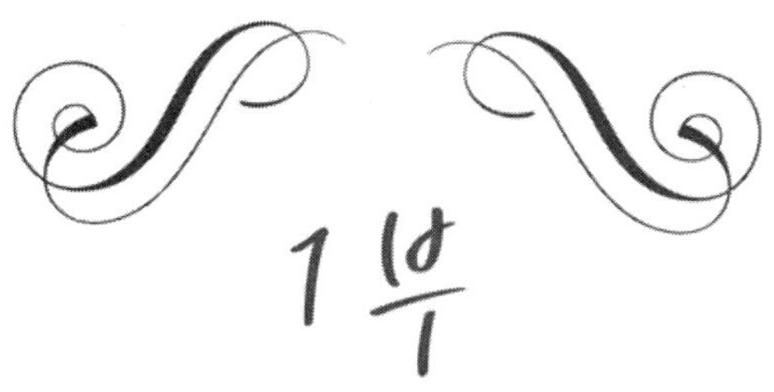

1부

숨은그림찾기

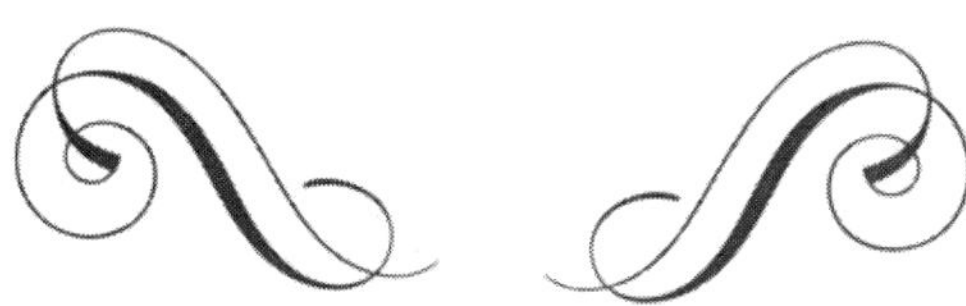

그대도 꿈을 꾸나요

그대도
꿈을 꾸나요
누구를 사모하는
누구를 사랑하는
꿈을 꾸나요

바다를 태우던
불꽃 석양도
어둠 속에
흔적 없이 스러져가고
달빛만 고요히
술잔을 채울 때면

그대도
그리움에
꿈을 꾸나요
누구를 사랑하는
꿈을 꾸나요

사랑아

사랑아
너는
나를
어디로 데리고
가려하느냐

설레는 마음에
구두를 신고
너를 따라나선
나의 아침은
첫 키스의 욕심으로
두근거리고

너를 위해 비워둔
나의 영혼은
빨갛게 빨갛게
석양 노을보다 더
빨갛게
물들어버렸다

그대가 춤을 추어다오

그대가
춤을 추어다오
내가
노래를 하리

오월의 태양 아래
하늘은 열려 있고
장미꽃 향기가
젊음을 유혹하는
이 좋은날

바람을 기다리는
꽃잎
그대가
춤을 추어도
내가
노래를 하리

숨은그림찾기

숨은 그림 찾기를 하려니
빈 들판에
바람이 분다

푸르름을 자랑하던
플라타너스도
가을바람 따라
가버렸는데

나는
오늘도
바람 부는 빈 들판
귀퉁이에서

누군가가
흘리고 갔을지도 모를
추억의 조각을 줍는다

당신은 울고 싶지 않던가요

당신은
울고 싶지 않던가요

바람 부는 언덕에 서면
갈꽃은 솜털되어
바람에 흩날리고

태양은
안개 속에서
이미
저만큼 가고 있는데

흐르는 세월은
고웁디 고운 당신도
울리겠지요

한번 가버리면
다시는 오지 않을
바람 같은 세월

덧없이
흘러가버리는 세월은
붙잡아 매어놓고

천 년
만 년
사랑하며

당신을 지켜주는
나무가 되고 싶소

약속 · 1

별들의 속삭임이
유혹의 향기로
다가올 때
사랑의 입맞춤으로
당신의 저녁을
잠재우고

아침햇살이
꽃잎을 흔들 때
장미 꽃 향기로
당신의 아침을
깨우겠소

햇살아래 당신은
한 송이 장미꽃

세상의
그 어느 꽃보다
아름다운 모습으로
피어나는

당신과
가버리면
다시는 오지 않을

오늘은
태양처럼 사랑하며
태양처럼 살고 싶소

약속 · 2

당신의 사랑을
얻기 위해

언덕 위에 피어있는
꽃을
꺾어 오겠다는
말도

밤하늘의 보석
별을 따오겠다는
약속도
하지 않겠소

다만
흐르는 세월 속에
인생을 묻고
다시 한 번 인생을
산다고 해도

사랑하며
사랑하며
또
사랑하며

당신만을 사랑하는
당신만을 위한
인생을 살고 싶소

약속 · 3

나의 밤 속에
그대가 있고
나의 아침을
그대가 함께 한다면
내 인생의 중심에
그대를 앉히고

세상에서
가장 깨끗한
꽃잎에 맺힌
이슬로 끓인
맑디맑은
차 한 잔을
아침마다 드리겠소

오늘이 가고
내일이 가도
언제나 변함없이
그대를 사랑하는
마음을 담아

망각이란

망각이란
잊어버리는 것

잊을 수 없는
잊지 못한
사랑마저도
파아란
하늘 저편으로
던져버리는 것

가버린 사람이 보고파
눈물이 나도
돌아보지 않는 것
그리고
잊어버리는 것

그대 그리움

오늘도
기다림에
하루해가 간다

그리움은
하늬바람 되어
가슴을 적시고

나의 밤은
외로움에
깊어만 간다

외로운 이 밤이
가슴시리도록
외로운 이 밤이

끝없이
끝없이
천만 년을 간다 해도

언젠가
그대
내 가까이 오리란 것을
내 알기에

나는
오늘도
장미꽃 한 송이를 키운다
그대와 함께 노래할
아침을 위해

가야하는 곳은

전쟁이 끝나고
그녀의 방황도 끝났다

그리고
이제는
돌아가야 한다

검은 흙이 있고
천 년을 태워도
꺼지지 않을
사랑이
기다리는 곳으로

오늘은
오늘의 바람이 불고
내일은
내일의 바람이 분다

그대 없음에

하늘 가득
피어있는 구름꽃

석양은
바다는 태우고
금빛으로 반짝이는 바다

꿈꾸듯
졸고 있는
하얀 조각배

나는
나는
눈물이 난다

사랑하는 그대
내 곁에 없음에

나도 너의 별이 되련다

나도 너의 별이 되련다
너도 나의 별이 되어다오

빗금을 그으며
이름 속으로 사라져버리는
별똥별이 아니라

한 줌 재가 되어
바람에 사라지는 그날까지

노래가 되고
춤이 되어
사랑을 노래하고
사랑의 춤을 추는

사랑의 별
나의 별이 되어다오

태양처럼 살고 싶소

어제도
그제처럼 흘려가버렸다
먼 과거로

내일은
아직 오지 않을
먼 미래

이미 가버린 어제도
아직 오지 않은 내일도 아닌

바다처럼 열린
푸르른 오늘을
태양처럼 사랑하며
태양처럼 살고 싶소

약속

눈비 오면
그대의 우산이 되어주고

질퍽한 인생길
그대의 신발이 되어

그대와
아주 먼 곳까지
함께 걸어가고 싶소

술잔의 비

나의 노래는
아직 끝나지 않았는데

당신의 춤은
이미 끝이 났군요

당신과 정담을 나누던
그 밤의 그 벤치도
가로등 불빛도 그대로인데

바람을 흔들던
한 송이 수선화
그대 모습
볼 수 없는 이 밤

빈 술잔에
비가 내린다

칠월 칠석

지난밤 달무리 곱게 지더니
오늘은 아침부터 비가 내린다

일 년에 한 번 까치가 와야 열리는
건너지 못하는 강
은하수 저 건너에 내 님을 두고
그리움에 흘린 눈물
기다림에 지친 밤은
그 얼마나 많았으랴

그렇게 천 년을 살아왔듯
다시 만날 그 날을 위해

그리움에 소를 치고
기다림에 베를 짜는
너는 나의 별
나는 너의 별

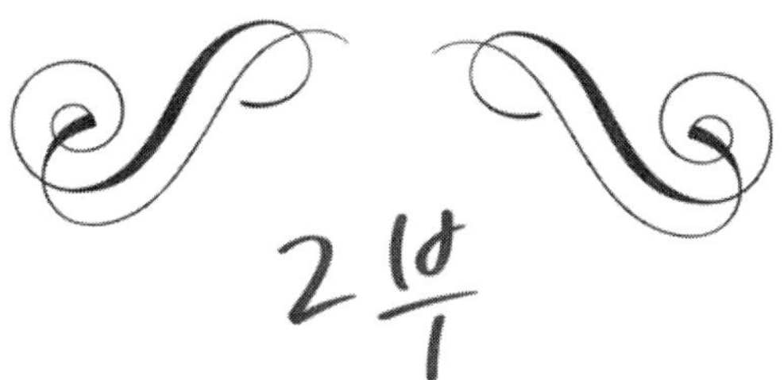

2부

그대는 목련꽃

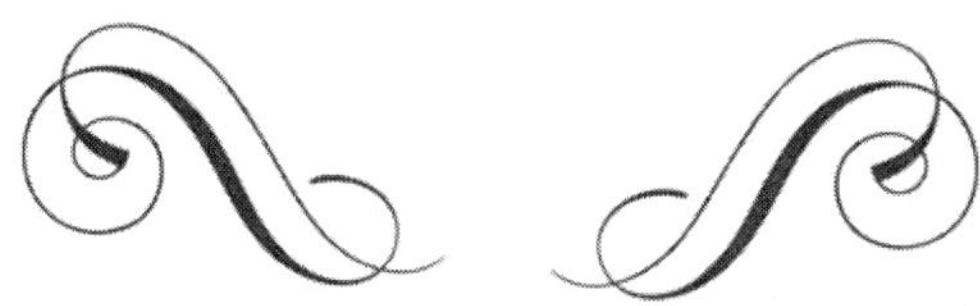

그대는 목련꽃

은빛 바다 위로
갈매기 날고
석양도 곱게
바다를 적시면

나는
오늘도
그리움에
편지를 쓴다

봄 아침에 피어나는
목련처럼
해맑은 모습으로
다가오는 그대에게

그리움은 바다 가득
은빛으로 출렁이고
파도를 쪼아먹는
갈매기처럼

그대 그리움에 취하다 보면

바다 가득
목련은 피어나고
목련보다 어여쁜
그대는 정녕
내 사랑이어라

봄마중

봄이 오기에
겨울이 가는 건지
겨울이 가기에
봄이 오는 건지

차가운 강물 위로 큰 덩이 작은 덩이
얼음덩이들이 앞서거나 뒤서거나
부딪치며 흩어지며
줄지어
흘려간다

강을 따라 흘러흘러 가다보면
따스한 햇볕에 녹고
산들거리며 불어온
바람에 녹고

얼음은 녹아 강물이 되겠지만
얼음을 품어줄
얼음을 품고 녹여줄 햇볕과

얼음을 녹여 꽃을 피운 따스한
마음이 우리에게도 있을까

풀 한 포기 나무 한 그루 자랄 수 없는
사막같이 메마른
가슴일지라도

가슴을 열고 따스한 마음으로
새롭게 열린 오늘을 마중하자

복수초는

복수초는
눈 속에서 꽃을 피워놓고
꽃이 갖고 있는 체온으로 눈을
녹이면서 눈 밖으로 나온다고 한다

연약한 꽃도 세상으로 나오기 위해
체온으로 눈을 녹인다고 하는데
세상을 사는 우리들
가슴속 체온은 몇 도나 될까
눈은 녹일 수 있을까

세상을 녹인 온기도 없이
오늘까지 살아온 나 자신이
부끄러울 때가 있다

지나가버린 일 년을
돌이켜 보아도
기억에 남을 만한 날은 없다

그냥 어영부영 보내버린

아무런 의미도 없는
날이었다는 생각이 든다

살다보면 죽을 것이고
죽을 때까지밖에 못 사는 게
인간인데

그 무엇도 남겨두지 않고
세월만 보내다 죽는다고 생각하니
허무하게 살았다는 생각이 든다

죽을 때 죽더라도 죽을 때 까지는
살아야 하는 게 인간인데
오래 사는 것이 중요한 것이 아니라
살아있는 오늘을
중요하게 생각해야 할 것 같다

어제는 이미 가버렸고
내일은 올지도 안 올지도 모른다

어제를 탓하고
내일로 미룬다면
행복한 오늘은 영원히 오지 않을 지도 모른다

기억 속에 남겨두고 싶고
오늘 행복한 오늘이 되기를 바란다면
언제 올지도 모를 내일로
미루지 말고

오늘을
오늘답게 살자

매화

오늘 아침
매화가 피었다

꽃도 예쁘지만 향기에 숨이 막혀
죽을 것만 같다

작은 꽃에서 어떻게 이렇게도
진한 향이 나오는 걸까
꽃에 향기가 없다면
꽃이라고 할 수 있을까

봄이 되면 앞 나투어 꽃들이
피어난다
예쁘게 꽃을 피워놓고
은근히 향기를 흘리는 것은

자기도 꽃을 피웠다는 것을
세상에 알리고
세상이 자기 가까이 다가와
예쁘게 보아주기를 바라고

안아주기를 바라는 것이다

꽃도 예쁘게 피어야 사랑받듯이
사람도 아름답게 살아야
가족에게 존경받고
사회로부터 존경받는 것이다

어린아이가 예쁘게 보이는 것은
순수한 마음 욕심 없는 마음
때 묻지 않은 마음이 있기 때문이지

욕심에 물들어
순수함이 사라진다면
향기 없는 꽃이 될 것이다

순수하다는 것은
깨끗하다는 것이고
깨끗하다는 것은
아름답다는 것이다

사람이 나이가 들어도
어린아이와 같이
마음이 깨끗하고 순수하다면

그 사람은
아름다운 사람
향기 있는 사람이다

동백꽃

봄을 기다리며
모두가 잠이든
겨울 아침

진홍의 붉은 꽃을
잎새 뒤에 숨어서
살며시 피워놓고
유혹의 향기를
은근히
흘리는 걸 보니

너의
속내는
무척이나
요염하구나

벚꽃이 진다

네가 있어
사월의 아침은
푸르르게 밝아오고

네가 있어
사월의 밤은
호젓하게 집에 간다

은은한 향기로
봄 아침을 열고
금빛 석양에
연분홍빛 꽃잎은
눈보라처럼
흩날리며

네가 가면
나의 봄도
간다

진달래꽃

화려한 듯
수줍게
피어있는 꽃

붉은 꽃잎 위로
햇살이
입맞춤하면

첫사랑 소녀처럼
낯 붉히는
진달래 꽃잎 위로

봄 햇살이 눈부시다

개나리꽃

강 언덕
초가 울타리

친구랑
오순도순
소곤대다가

봄바람
살랑살랑
불어오면

환하게 웃음 웃는
개나리꽃
친구삼아
봄나들이 떠나볼까

할미꽃

기도한다고
고개 숙여
기도한다고
가버린 임이
다시
돌아올 리
없건만

봄비 내린 아침
임이
잠든 무덤가에
자주색 꽃을
다소곳이 피워놓고

고개 숙여
기도하는
너의 모습에서
그리움을,
눈물보다 아름다운
그리움을 본다

장미꽃이여

장미꽃이여
내 사랑이여

별빛보다 아름다운
별빛보다 향기로운
너의 향기에
숨이 막혀

이 밤
내가 죽는다 해도

내 가까이
그대를 두고
별빛보다 아름다운
별빛보다 향기로운

너의 향기에 취해
뜬눈으로
이 밤을 지새우고 싶다

가을 하늘 · 1

순아의 눈처럼
맑은
가을 하늘에
그림을 그리며
구름이 흘려간다

아가를 데리고
코끼리가 가고
사르르 녹으며
아이스크림이
흘려간다

고래가 지나간 자리
하늘이 열려
바다가 되었다

끝없는 수평선
저 너머엔 무엇이 있을까
사랑이 있을까
행복이 있을까

행운의 파랑새는
없어도 좋다

구름꽃 아름답게 핀
하늘을 바라보며
순아를 그려보는
나의 행복한
가을날 오후

가을 하늘 · 2

햇볕은
코스모스 꽃잎 위에
한가로이 놀고
구름 한 송이
꽃잎되어 흘러가면

보아도
보아도
또
보고 싶은
내 사랑

그대 모습을
청잣빛 하늘 가득
꽃잎으로
그려본다

눈 내린 아침

심술쟁이 구름
지나간 아침

산도 하얗게
집도 하얗게
온 세상을
하얗게
칠해버렸다

뛰어 놀기에 바쁜
순아 마음도
순아를 바라보는
아빠 마음도

하얗게
하얗게
모두다
하얗게 물들어버렸다

눈사람

천지가 하얗게
변해 버린 날

눈사람 하나
만들어 세워놓고
아이들 노는 것
구경이나 하란다

눈사람이라고
꿈이 없을까
사랑이 없을까

기다림에
저녁이 가고
기다림에
아침이 가도

사랑하는 님을
만나지 못해
외로운 눈사람 어깨 위로
겨울
차가운 바람이 지나간다

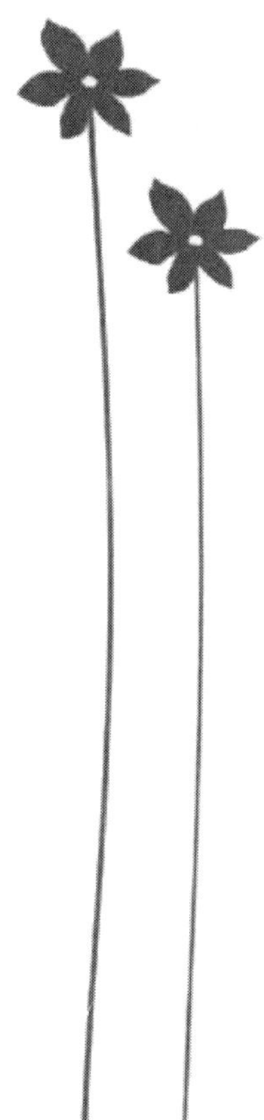

겨울 손님

물장난을 치다가
노래를 하고

하늘 높이
날아올라
춤 솜씨를
뽐내는

비오리
기러기
물병아리
이름만큼이나
예쁜 놈들이

올겨울에도
변함없이 손님으로 오셨구려

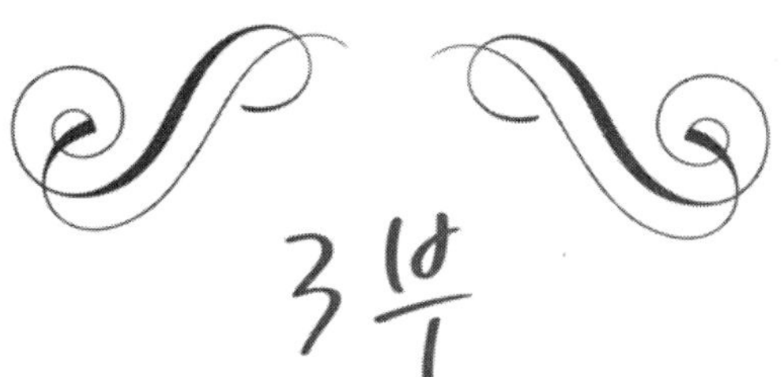

3부

별을 줍는 밤

은하수

젊음을 불태우던
모닥불의 불꽃도
먼지되어
바람에 흩날려가고

소쩍새 울음 속에
여름밤이 깊어가면
하얗게 피어나
검은 밤을 흐르는 강

어느 바다
별을 찾아
이 밤을 흘러간다

보석처럼 반짝이며
밤을 새워 흘러가는
은하수 물결 위로

그리움이
강되어 흐른다

돌산의 아침

바다 바람에
얼굴을 씻고
동백꽃 향기에
마음을 씻고

붉게 솟아오른
태양을 기다리는
돌산의 새벽

바다를 깨우듯
은은하게 들려오는
천년의 역사
향일암
범종소리

새해
새아침
붉은 해가 떠오른다

반딧불이

초사흘
눈썹달이
쪽배되어
떠나가면

세상에서의
마지막 밤을
사랑하는 임과
사랑의 춤을 추며
보내고 싶어

엉덩이에 불 밝히고
임 찾아 헤매는
초여름 밤의 춤꾼

반딧불이 들의
사랑 유희에
우주의 밤은
별빛으로 깊어간다

향일암의 아침

향일암의 아침은
사람 냄새처럼 비릿해서 좋다

바다를 건너온 바람은
풍경을 흔들고

빛바랜 쇠 종은
청아한 소리로
바람의 이야기를
우리에게 들려준다

비워야
채울 수 있고
가벼워야
멀리갈 수 있다는
소박한 이야기를
가슴으로 들으며

석양에 물든
바다를 뒤로한 채

돌산대교를 건너
집으로 돌아간다

쌍계사

여보게 친구
오늘은
쌍계사에 가보세

겨울이 주춤한 사이
두견화는 흐드러지게 피어
우리의 발걸음을
잡을 테고

인자한 웃음으로
우리를 반겨주는
부처님을 뒤로 한 채
발걸음도 가볍게
뚜벅뚜벅 산에 올라보세

시원하게 불어오는
지리산 산바람에
손도 씻고
얼굴도 씻고
마음 속 탐욕까지

말끔하게 씻어내어
선녀가 되고
선남이 되어보세

아름다운 이 세상
아름답게 살다가세

철마, 너는 달려야 한다

철마야
너는 왜
여기에 서 있느냐

기세 좋게
산야를 달리던
너의 모습은
어디로 가고

녹슬고
초라한 몰골로
여기에 서 있느냐

얼마나 많은 세월이
너를 할퀴고 지나갔기에
너의 발은 녹슬고
심장마저 식었단 말이냐

초라한 몰골로
죽어가고 있는

네 모습이
너는
부끄럽지도 않느냐

철마야, 너는
다시 달려야 한다

녹슨 발을 씻고
멈춰선 심장에
불을 붙여
유라시아를 넘어
대륙의 끝
세상 끝까지

대한민국의 모습으로
당당하게
달려야 한다

밤 주막

그대 그리움에
찾아온 밤 주막

달빛에 젖어
밤은 깊어가고
그대 그리움은
술잔을 흔드는데

반겨 줄 사람도
기다려줄 임도
그렇다고 원망도 없는
밤 주막

술잔 가득
그리움을 마신다

별을 줍는 밤

영원의 등불인양
별이 빛나는 밤

하루의 여정을 접고
사랑하는 사람과
별을 줍는 밤은
얼마나 호젓한가

별똥별 하나가
또
떨어져 내린다

빗금을 그으며

개울물

아침부터
저녁까지
한 시도 쉬지 않고
조잘대는 걸 보니

하고픈 이야기가
너도
나만큼
많은가 보다

흘려가는 구름과
놀기가 심심하면
노래를 불러보렴

바람이 불려주는
피리소리에 맞춰

산마을

떠나는 사람도
오는 사람도
없는

시계마저 멈춰선
산마을
흙먼지를
일으키며
버스가 온다

흙먼지만 남겨둔 채
버스가 간다

바다

출렁이며
파도치며
바다는 기다린다

강물이 다가오기를
바다는 기다린다

바다는 너그러움이다
바다는 포용이다

어머니가 그러하듯이

산마을의 하루

오늘 아침도
첫손님은
산까치다

날씨가 흐려도
비가 내려도
변함없이 찾아오는

아침을 깨우는
네가 있어
산마을의 아침은
푸르르게 밝아오고

낭랑하게 울어대는
너의 노랫소리에
산마을의 저녁 해가
뉘엿뉘엿 넘어간다

칠월 칠석

지난밤, 달무리 곱게 지더니
오늘은 아침부터 비가 내린다

일 년에 한 번 까치가 와야 열리는
건너지 못하는 강
은하수 저 건너에
내 님을 두고
그리움에 흘린 눈물
기다림에 지센 밤은
그 얼마나 많았으랴

그렇게 천년을 살아왔듯
다시 만날
그 날을 위해
그리움에 소를 치고
기다림에 베를 짜는
너는 나의 별
나는 너의 별

천사

만약에 천사가 있다면
천사는 형체가 있습니까
볼 수가 있습니까
천사는 남자입니까
여자입니까
하늘나라에서 반란을 일으킨 천사장을 따라
이 세상으로 온 천사들은 좋은 천사입니까
나쁜 천사, 악마입니까
그들 말고 하늘나라에서 온
다른 천사들도 있습니까

나도 천사가 될 수 있습니까

차 한 잔 하세

차 한 잔 하세
차 한 잔 하세

차 한 잔에
사랑을 담고
차 한 잔에
사랑을 얘기하세

눈이 내려도
눈이 내리지 않아도

우리네 찻잔엔
언제나 별이 뜨고
찻잔 가득 넘치는

별빛 향기
사랑의 향기를
마셔보세

사랑한다는 것
사랑을 받는다는 것
행복이 아니겠는가
우리
차 한 잔 하세

끈

이 아침
나의 약속은
그대의
신 끈을 묶어주고
인생길
함께 걸어가는
사람이 되고 싶소

그대에게 묶여
끌려 다니고 싶소

크리스마스의 기도

오늘은 부디
화이트크리스마스가 되게 해주소서
그리하여 세상 모든 허물을 덮어주소서
잠시 어둠은 꺼두고
밤에도 백야가 되게 하소서
아무도 무서움이 없이
담대히 걷게 하소서
아무도 미워하지 않게 하소서
나로 인해 힘든 사람이 없게 하소서
내가 그간 빚져온 사랑을
모두 사랑으로 되갚게 하소서
그리하여 모두가 가족되고
이웃되게 하소서

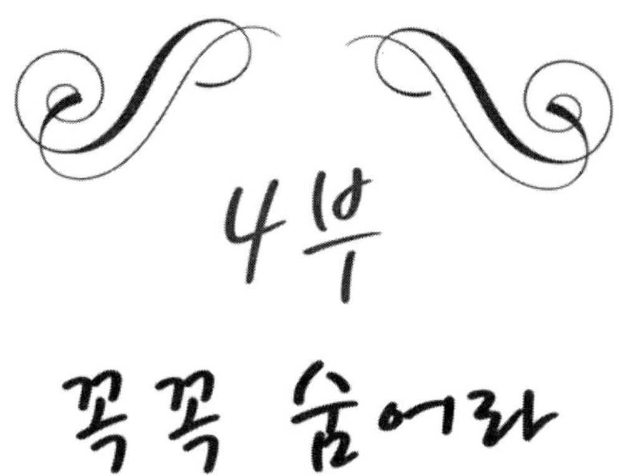

4부

꼭꼭 숨어라

오늘 만나는 사람 모두를

오늘 만나는 사람 모두를
사랑하게 하소서

사랑하지 못하더라도
좋아하게 하소서

좋아하지 못하더라도
미워하지 않게 하소서

세상에는 좋은 말들이 참으로 많다
그러나 이 말보다 더 좋은 말은
없는 듯하다

오늘은 크리스마스
세상이 사랑으로 넘쳐나고
기쁨으로 넘쳐나는 날

하나님을 믿거나 믿지 않아도
크리스마스는 좋은날이다

오늘 하루만이라도
사랑이 넘치는 오늘
모두가 따스한 오늘

모두가 행복한 오늘이
되었다면 좋겠다

미쳐서 살다

"미쳐서 살다
정신 들어 죽노라"
세르반테스 비문의 마지막 글귀처럼

인생을 살면서
미쳐보지 않고
미쳐서 도전해 보지 않고

인생을 살았다고 어떻게
말할 수 있을까

끝없는 모래 밭
사하라 사막을 건넌 자만이
사막을, 사막의 아름다움을
이야기 할 수 있지 않을까

절망의 끝에서 만나는
얼음보다 차가운
킬리만자로 산 정상의 흰 눈

그 흰 눈을 볼 수 있다는 것
그 흰 눈을 먹을 수 있다는 것은
꿈을 이룬 자만이 누릴 수 있는
특권이 아닐까

우리는 미쳐야 한다
미쳐서 사랑하고
미쳐서 일해야 한다

죽을 때까지밖에 살 수 없는 게
우리의 운명이라면
죽을 때까지 도전하고
또
도전해야 한다

겨울이 되면

겨울이 되면
큰 강 큰 호수가 아니라
시골의 작은 저수지에도
철새들이 모여든다

겨울에 우리나라를 찾는
철새 중에 고니가 가장 돋보이는
새 임에는 틀림없으나
기러기만큼 우리와 가까운 새도 없을 듯하다

그것은 옛날 시골에서 올리던 결혼식장
신부와 신랑이 마주보고 서는
가운데 놓인
상 위에 놓이던 새가
기러기였던 것만 봐도

기러기는 우리와 친숙했고
또 본받을 것이 있는 새였기 때문이다

기러기가 가진 것 중에

우리가 본받아야 할 것이 네 가지 있는데

첫째는 오래 산다는 것이다
한 100년 정도 산다고 한다
기러기처럼 100년 정도
건강하게 살고 싶었던 것이다

두 번째는 질서다
날아가는 것만 보아도
할아버지 할머니 아버지 어머니 형
동생 순으로 날아간다

세 번째는 정절이다
두 마리의 기러기가 만나
가정을 이루고 살다가
한 마리가 사고로 죽었을 경우
남은 한 마리는 짝이 죽은지
30년이 지나야만 다른 짝을 만날 수 있다고 한다
30년을 참고 살아 다른 짝을 만날 수도 있지만
먼저 죽은 짝을 잊지 못해

바위에 머리를 부딪쳐 생을 마감하는
기러기도 있다고 한다

네 번째는 흔적이다
자기들이 둥지를 틀고 살았던 곳에는
꼭 무언가 흔적을 두고 간다고 한다
할아버지의 깃털을 땅에다 꼽아 두고 간다거나
조약돌을 주어다 놓고 간다거나
비록 짧은 세월이지만
그들이 살았던 곳을 잊지 않고
다시 찾아오려고 흔적을 두고 간다고 한다

이 네 가지를 본받기 위해
결혼식 날 기러기를 썼다고 하는데
잡기도 어렵고 번거롭다 보니
생각해 낸 것이 목안이라고 한다
기러기 형태의 나무로 깎아쓰기고 하다가
닭을 쓰게 되었다고 한다
닭이라는 놈은 겉만 번들거리게 잘 생겼지만
제 수명 다하도록

살지도 못하고
질서도 없고
정절은 더더욱 없고
배운 것이라고는 한 가지도 없는
닭을 보고
절을 하고
인생을 시작하는 우리들이
이 시대를
무질서의 시대
부끄러운 것도 모르는 시대로
만들지 않았나 생각해본다

겁劫

겁이라고 하는 것은
시간의 흐름 속에서 겨자씨 한 알 흘러나오는 것도
보지 못하고 죽는 게 인간인데
죽는다는 것은 살아있는 사람 모두에게
두렵고 싫은 문제인 것 같다

욕심 중에서 가장 큰 욕심도
죽지 않고 오래 사는 것이라고 하는데
죽지 않고 오래 사는 방법이 있다거나,
죽지 않고 오래 사는 약이 있으면 좋겠지만
죽지 않고 오래 사는 방법도
죽지 않고 오래 사는 약은 없는 것 같다

오래 살기 위해서는
몸도 건강해야 하고
마음도 건강해야 할 것 같다

건강이 좋지 못하면
당연히 오래 살지 못하겠지만
좋지 못한 건강 때문에

나 자신과 가족에게 부담이 된다면
오래 사는 것이 행복은 아닐 것이다

나도 행복하고
가족도 행복하고
우리 모두 행복한 내일을 바란다면
건강할 때 건강을 지켜야 할 것 같다

몸도 건강하게
마음도 건강하게
오늘을 살자

자식을 훌륭하게

자식을 훌륭하게 키우기 위해
이사를 세 번이나 갔다는
맹자 어머니 이야기는 모르는 사람이 없을 것이다

실수로 이사를 세 번씩이나 간 것이 아니라
어린 맹자에게
삶이란 무엇이고
죽음이란 또 무엇인가를 가르치기 위해
이사를 갔다고 한다

어린 맹자가 시장근처에서 본 것도
며칠 만에 만나는 사람들의 반가운 이야기
호탕하게 고함치는 사람들의 이야기 등
살아있는 사람들의 이야기였다면

공동묘지 근처에서 본 것은
어떻게 인간의 삶이 끝나고
어떻게 죽어 저 세상으로 가는가 등
눈물의 이야기였을 것이다

맹자의 어머니는
맹자가 비록 어리지만
산다는 것은 무엇이고
죽음이란 또 무엇인가를
가르쳐 주고 싶었던 것 같다

어느 정도 나이가 되자
서당 근처로 이사 가게 되고
열심히 공부해 훌륭한 선생이 되어
우리에게 산다는 것은 무엇이고
죽음이란 또 무엇인가에 대해
이야기 하고 있는 것 같다

맹자 생각의 기본은
"사람은 모두 다 죽는다는 것이고
죽을 때까지는 산다는 것이다"
늙어서 살아온 것을 돌이켜 볼 때
내가 똑바로 걸어 온 것도 같고
삐뚤삐뚤 걸어온 것도 같은데
나의 뒤를 따라 오는 사람이

내가 걸어온 것을 보고 바르게 살았다고 생각하면
그렇게 따라오면 되고
잘못 걸어 왔다고 본 사람은
그렇게 걸어가지 않으면 된다는 것이다

눈 내린 골목길을 엉금엉금 기어가면서
미끄러운 길을 어떻게 걸어가야 할까
맹자가 말하는
대장부 걸음걸이 일까
생각해보는 아침이다

꼭꼭 숨어라

꼭꼭 숨어라
머리카락 보일라
골목길을 지나가다
숨바꼭질 하는 아이들과 만났다

문득 어릴 적 생각이 났다
술래가 못 찾을까봐
가까운데 숨어있다
제일먼저 죽어주는 아이
멀리 숨어 술래를 골탕 먹이던 아이

어릴 적 놀이가 오만가지도 넘었는데
무엇을 해도 재미있던
그 시절의 놀이들
오만가지나 되는 놀이는
언제나 잊어버리고
아이들 노는 것 구경이나 하면서
나도 저런 시절이 있었지 생각하니
웃음이 나온다

어릴 적에는 놀면서
친구들과 어울려 사는 법도 배우고
세상에 친구보다 좋은 것은 없다는 배워야 하는데
엄마들 극성 때문에
놀 시간도
같이 놀 친구도 없다는 현실이 가슴 아프다

우리가 아이에게 가르쳐야 할 것은 무엇이고
배워야 할 것이 무엇일까

첫째로 배워야 할 것은
아이가 좋아하고 잘 할 수 있는 것을 배워야 한다
자기가 좋아하고 잘하는 것을 배워야 일하는 것이
재미있고 행복하기 때문이다

두 번째로 배워야 할 것은
부끄러운 것과 부끄럽지 않은 것이 무엇인지
구별하는 것을 배워
나와 남에게 부끄럽지 않는 인생사는 법을 배워야 한다

세 번째로 배워야 할 것은
이 세상에는 나와 우리 가족만 있는 것이 아니라
이웃도 있다는 것을 알고
그들과 기쁨도 슬픔도
함께 나눌 줄 알고
함께 어울려 사는 법을 배워야 한다

아이가 행복하게 인생을 살기 바란다면
엄마의 욕심을 버리고
아이의 적성과 생각을
살릴 수 있는 것을 배우게 해야 한다

욕심이란

자기 자신의 마음을
욕되게 하고
추하게 하고
부끄럽게 하는 것이다

우리가 살아가면서
가져야할 것도 많고
버려야할 것 중에

첫째는 욕심인 것 같다
욕심 때문에 이름을 더럽히는 사람
욕심 때문에 인생을 망치는 사람을 볼 때마다
부끄러운 것과 부끄럽지 않은 것이 무엇인지
나 자신에게 먼저 물어보고
나와 남에게 부끄러운 일이다 싶으면 돌아서고
부끄럽지 않은 일이라면
욕심을 내는 것은 좋다는 생각이 든다

내일을 후회 없이 평안하게 살고 싶다면
가져서는 안 되는 것은 갖지 말고

받아서는 안 되는 것은 받지 말아야 한다

강물도 흘러가고
세월도 흘러가고
인생도 흘러간다
흘러가는 것도 쏜살같이
바르게 흘러간다

아름다운 내일
아름다운 인생을 살고 싶다면
욕심을 버리고
분수껏 살아야 한다

부부의 의미

한문으로 부라는 글자를 보면
참 재미있게 철학적으로 만들어진 글자라는 생각이 든다
지아비 부자는 하늘천자 위에 뿔이 났다고 해서
지아비는 하나님보다 더 높은 사람이라고 말하는 사람도 있지만
하늘천자 위에 뿔이 난 것이 아니라
사람인자 허리에 짐 두 개가 지워진 글자다

아내와 자식이라는 두 개의 짐
그러니까 지아비가 된 순간부터
아내와 자식이라는 두개의 짐을 편안하고
행복하게 지고가야 한다는 뜻이고

지어미 부자는
계집여자에 빗자루 침자가 만나서 만들어진 글자다
빗자루는 옛날에나 지금에나 청소하는 도구
그러니까 너 자신과 이웃을 깨끗하고 아름답게 가꾸고
손질하면서 살아야한다는 뜻이다

나 자신도 아름답고 이웃도 아름답고
나도 행복하고 이웃도 행복하고
멋있는 세상 살맛나는 세상은
아름다운 마음을 가진
아름다운 사람들이 만들어간다는 생각이 든다

인간의 조건

눈이 하얗게 내린 들판
끝없이 뻗은 전봇대
그 아래를 비틀 거리며 걸어가는 한사나이
군대를 탈영하여 한 사흘 굶은 그가 중국인
마을을 지나다 중국인 가게에서 만두를 훔쳐
먹다 들켜 중국인들에게 두들겨 맞다 도망친 곳
하나의 전봇대를 지나면 다시 나타나는 전봇대
저 전봇대까지는 걸어갈 수 있을까
저 전봇대까지는
또 앞에 나타나는 저 전봇대까지는…

눈 내리는 겨울이면 언제나 생각나는
인간의 조건
우리는 한해를 보내고
또 한해를 시작하는 이 시점에서
지나간 한해를 돌이켜 볼 때
눈밭에 남긴 발자국이
똑 바로 걸어오지 못했을 지라도
잘못 걸어왔다는 것을 느끼고

생각하는 것만으로도
다시 시작하는 하루는 한 달은 일 년은
더 알차고 더 행복할 것이라는 생각이 든다
나는 인간의 조건을 보면서
마지막에 흰 눈이 내린 들판에서
들판을 가로질러 뻗어있는 전봇대와
하얀 눈밭
꿈 많고 희망이 넘쳐나든 그를 전쟁 이라는
죽이고 죽는
상처투성이의 몸으로
생을 마감하는데
눈물보다는
참 좋다는 생각이 들었다

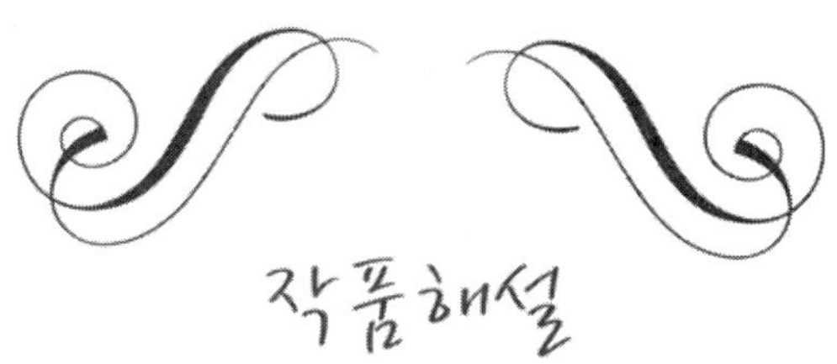

작품해설

그리움을 통한 인생의 반전

김순진 (시인 · 문학평론가)

<작품해설>

그리움을 통한 인생의 반전

김순진(시인 · 문학평론가)

나는 김세환 시인을 만난 적이 있거나 그에 대하여 아는 바가 전혀 없다. 그런 김세환 시인의 인생을 말하려니 적이 고민스러웠다. 그런데 그런 고민은 그가 보내온 원고를 통독하고서 금방 해소되었다. 그는 시를 공부해본 사람이 아니다. 그리고 시인으로 등단한 경험도 없다. 단순히 시가 좋아서 써왔을 뿐이다. 그런 김세환 시인이 이처럼 깊은 시심과 시적 완성도를 보여준다는 것은 거의 기적에 가깝다. 그것은 그가 평소에 시를 너무나 좋아했기 때문에 가능한 일이라 생각한다. 김세환의 시는 대개 사랑시와 자연시이다. 시창작 초기에 보이는 소재들이다. 그렇지만 그 깊이로 들어가면 전문 시인 못지않은 시적 감수성과 기교를 발견하고 깜짝깜짝 놀라게 된다.

시는 감춤과 드러남이 절묘하게 조화를 이루어야 하고 호흡이 너무 길지 않으며 비유보다는 직접적으로 표현하여 메타포를 형성하는 게 좋다. 이미지와 이미지 사이에는 긴장감을 유지해야 하며 철학을 배제할 필요는 없지만 난해하지 않게 힘써야 한다.

그런데 김세환 시인은 위에서 말한 좋은 시의 조건을 대체적을 충족시켜가면서 자신의 의도를 지속적으로 견지하여 읽는 사람으로 하여금 공감이 가게끔 사물과 자아 사이의 보이지 않는 장치를 형성하고 있다. 다만 너무 절제하다보면 시가 너무 짧아지거나 단조로움을 줄 수 있음을 귀띔해 드린다. 바꿔 말하면 언어의 경제성도 중요하지만 독자의 객관성 확보가 더욱 중요하기 때문이다. 순수성을 유지하고 관념을 탈피하여 하고자 하는 주제를 충분히 살렸다는 것이 김세환 시인의 시적 특징으로 부각된다.

문학은 진실이 확보될 때 감동을 준다. 시를 통해 자신을 되돌아보고 희망으로 가면 좋은 작품이라 말할 수 있다. 그런데 김세환의 시들은 이들 조건을 충족하려 노력한다. 마치 글을 쓰고 있는 모습이 마치 소를 모는 농부처럼 느껴진다. 소를 부려서 논밭을 갈려면 소와 사람이 일심동체가 되어야 힘이 덜고 능률이 난다. 소가 이제 막 부림을 배운 소라면 소를 부리는 사람이 너무 힘이 들고, 사람이 이제 막 쟁기질을 배운 사람이라면 소가 너무나 힘이 들 뿐만 아니라 능률도 나지 않는다. 시도 마찬가지이다. 시에 대하여 더욱 깊이 사랑하고 시를 안고 시를 식구처럼 생각한다면 시는 더욱 깊어진다. 그럼 이쯤에서 김세환 시인의 문학세계에 대하여 들여다보자.

숨은 그림 찾기를 하려나
빈 들판에
바람이 분다

푸르름을 자랑하던

플라타너스도
가을바람 따라
가버렸는데

나는
오늘도
바람 부는 빈 들판
귀퉁이에서

누군가가
흘리고 갔을지도 모를
추억의 조각을 줍는다

－「숨은그림찾기」 전문

김세환 시인이 써내는 시들은 대부분 자연을 통한 인생관조이다. 자연보다 큰 스승은 없다. 자연은 주어진 상황에서 최선을 다한다. 사막의 전갈이나 여우는 아무리 더워도 견디며 북극곰은 아무리 추워도 견딘다. 그러면서 주어진 상황에 맞게 자신을 진화해나간다. 사람처럼 가족의 도움이 필요한 동물은 없다. 아프리카 사파리의 짐승들은 태어나자마자 뛰어다닌다. 학문의 시작은 겸손에 있다고 해도 과언이 아니다. 김세환 시인은 진주에서 살고 있다. 이처럼 밝고 건강한 눈으로 세상을 바라볼 줄 아는 시인이 진주에 살고 있다는 것은 지역사회에서도 큰 기쁨이다. 그저 바람 같은 단순한 것을 보더라도 예사로 넘기지 않는 것이 시인이다. 시인은 늘 자연 속에는 실로 대단한 것이 존재한다고 생각한다. 그래서 나는 시인이 위대하다는 생각을 가지고 있다. 그러므로 시인은 조물주와 동격이라는 생각도 해본다. 창조하는 분과 창작하는 분은 같은 돌림인가 보다. 시는 제조나 제작과는 다르다. 아무리 같은 소재를 주더라도 모두 다르게 쓰기 때문이다.

하늘 가득
피어있는 구름꽃

석양은
바다는 태우고
금빛으로 반짝이는 바다

꿈꾸듯
졸고 있는
하얀 조각배

나는
나는
눈물이 난다

사랑하는 그대
내 곁에 없음에

-「그대 없음에」 전문

시인의 가슴은 늘 허하다. 그 속에는 여러 여인이 들어있는 것이 아니다. 그리움이라는 이름을 가진 한 여자만 존재한다. 그리고 그 여자를 위해 시인들은 밤을 새운다. 그런데 세상에는 갈매기에 새우깡을 던져주는 사람과 갈매기처럼 얻어먹는 사람이 있다. 그 둘은 결코 다른 사람들이 아니다. 나무와 뿌리 같은 존재들이다. 어느 뿌리 건 푸르름과 열매를 모를 리 없다. 그러나 사람들은 나무가 된 이후에 뿌리의 수고나 어려움을 생각지 않는다. 숲은 큰 나무들로만 이루어지지 않는다. 잡목과 절벽과 이슬로 연명하는 소나무까지 포함해서 산이라 부른다, 우리는 그 산에서 살고 있다. 산에나 바다에나 마찬가지로 바람이 분다. 산은 산사태가 나지만 바다는 제 몸을 학대해야만 한다. 나는 산이고 바다이다. 고로 나에게 존재하는 바람은 내가 다스려야할 바람으로 시인은 그대가 없는 세상에서 스스로를 다스리면서 어느 정도 바람을 헤쳐 나온 것으로 짐작한다. 바다는 언제나 해일과 너울성 파도를 잠재해놓고 평온하다. 나는 자연의 일원이지만 때론 나도 파도가 될 수 있으며 해일이 된다. 그대 없는 상황은 늘 눈물이 나고, 눈물은 시인이 먹는 양식이며 그리움의 강이다.

봄이 오기에
겨울이 가는 건지
겨울이 가기에
봄이 오는 건지

차가운 강물 위로 큰 덩이 작은 덩이
얼음덩이들이 앞서거나 뒤서거나

부딪치며 흩어지며
줄지어
흘려간다

강을 따라 흘러흘러 가다보면
따스한 햇볕에 녹고
산들거리며 불어온
바람에 녹고

얼음은 녹아 강물이 되겠지만
얼음을 품어줄
얼음을 품고 녹여줄 햇볕과
얼음을 녹여 꽃을 피운 따스한
마음이 우리에게도 있을까

－「봄마중」 부분

복수초는
눈 속에서 꽃을 피워놓고
꽃이 갖고 있는 체온으로 눈을
녹이면서 눈 밖으로 나온다고 한다

연약한 꽃도 세상으로 나오기 위해
체온으로 눈을 녹인다고 하는데
세상을 사는 우리들
가슴속 체온은 몇 도나 될까

눈은 녹일 수 있을까

세상을 녹인 온기도 없이
오늘까지 살아온 나 자신이
부끄러울 때가 있다

-「복수초는」 부분

시는 관찰이다. '봄이 오기에 / 겨울이 가는 건지 / 겨울이 오기에 / 봄이 오는 건지'에 대하여 고민한다는 것을 바라본 것은 대단한 혜안이다. 우리는 가끔 닭이 먼저냐 알이 먼저냐에 대하여 갑론을박한다. '봄이 오기에 / 겨울이 가는 건지 / 겨울이 오기에 / 봄이 오는 건지'는 중요치 않은 문제처럼 보인다. 그런데 어떻게 받아들이느냐에 따라 인생의 관점이 달라질 수 있다. 우리는 늘 겨울이 가기 때문에 봄이 온다는 생각을 했다. 그런데 그렇지 않음을 시인은 발견한다. 가는 것보다 오는 것을 우선 순위에 놓다보면 나이를 먹는 것보다 나이를 먹어서 볼 수 있는 세상에 행복을 느낄 수 있는 것이다. 중요한 것은 우리가 상대방의 꽁꽁 언 얼음 같은 마음을 녹여줄 마음이 있느냐는 물음이다. 마찬가지로 「복수초는」이란 시에서 시인은 "연약한 꽃도 세상으로 나오기 위해 / 체온으로 눈을 녹인다고 하는데 / 세상을 사는 우리들 / 가슴속 체온은 몇 도나 될까 / 눈은 녹일 수 있을까"라고 질문한다. 언 마음을 녹여줄 마음, 그것은 사랑이다. 살다 보면 너무나 많은 사람들이 친구간, 이웃간, 형제간에 척을 지고 산다. 하물며 부모자식간에도 척을 져서 오가지 않는 사람들이 있다. 그 사이에는 늘 금전이라는 이해관계가 등장한다. 그들에게 결코 양보란 없다. 시인은 차디찬 겨울과 같은 관계를 끝내고 따스한 꽃을 피워낼 수 있는 마음을 우리에게 주문하고 있다.

순아의 눈처럼
맑은
가을 하늘에
그림을 그리며
구름이 흘려간다

아가를 데리고
코끼리가 가고
사르르 녹으며
아이스크림이
흘러간다

고래가 지나간 자리
하늘이 열려
바다가 되었다

끝없는 수평선
저 너머엔 무엇이 있을까
사랑이 있을까
행복이 있을까

행운의 파랑새는

없어도 좋다

구름꽃 아름답게 핀
하늘을 바라보며
순아를 그려보는
나의 행복한
가을날 오후

-「가을하늘 · 1」 전문

일찍이 김수영 시인은 모든 시를 초등학교까지만의 언어로 썼다고 한다. 그의 식모에게 시를 써 보이고 식모가 '무엇인지 잘 모르겠다'고 하면 찢어버리고 다시 썼다는 일화는 유명하다. 그런데 사람들은 시를 어렵게만 쓰려고 한다. 고사성어를 들먹거리거나 외래어를 시시때때로 집어넣어 유식한 척 한다. 시를 쓴다는 것은 지식의 자랑이 아니다. 가장 쉬운 말로 가장 좋은 결과를 낸다면 그 시는 완성도 높은 시가 된다. 그러기 위해서 우리는 곧잘 상상이라는 기법을 차용한다. 요즘 신춘문예나 시단에서 상상기법은 널리 사용되고 있다. 김삿갓처럼 풍자하되 상상하며 상상하되 상상의 폭이 생활을 벗어나지 않는다. 구름을 보고 김세환 시인은 "아가를 데리고 / 코끼리가 가고 / 사르르 녹으며 / 아이스크림이 / 흘러간다"고 말한다. 시는 객관화작업이다. 주관적인 시, 자신만 아는 시는 일기장에 묵혀야 한다. 그런 점에서 이 시인은 동시 같은 언어로 동년배 어른들의 관심을 불러일으키고 있다. 이 시는 메타포와 서정이라는 두 마리 토끼몰이에 성공

하고 있다.

지난밤 달무리 곱게 지더니
오늘은 아침부터 비가 내린다

일 년에 한 번 까치가 와야 열리는
건너지 못하는 강
은하수 저 건너에 내 님을 두고
그리움에 흘린 눈물
기다림에 지친 밤은
그 얼마나 많았으랴

그렇게 천년을 살아왔듯
다시 만날 그 날을 위해

그리움에 소를 치고
기다림에 베를 짜는
너는 나의 별
나는 너의 별

- 「칠월 칠석」 전문

언젠가 문학행사를 다녀오는 길에 한 시인이 앞차들을 바라보며 디지털카메라의 셔터를 눌렀다. 자동차에서 발산된 빛들은 현란한 네온사인처럼 카메라의 화면에는 자동차는 보이지 않고 현란한 빛의 현상을 연출해내고 있었는데 그 시인은 '행운의 계시'

며 나름의 철학을 펼쳤던 기억이 새롭다. 김세환 시인도 비 내리는 칠월 칠석을 보내면서 만나고 싶은 정한의 여인을 그리워한다. 그래서 그는 이별의 상황에 대한 애틋한 감정을 "그리움에 소를 치고 / 기다림에 베를 짜는"일이라 명명한다. 시가 비유임을 잘 아는 작가다. "너는 나의 별 / 나는 너의 별"이라고 하는 명제가 읽는 이로 하여금 다른 사유로의 이동을 제한하면서 그리움 속에 가둬 독자 자신이 주인공이게 한다.

영원의 등불인양
별이 빛나는 밤

하루의 여정을 접고
사랑하는 사람과
별을 줍는 밤은
얼마나 호젓한가

별똥별 하나가
또
떨어져 내린다

빗금을 그으며

– 「별을 줍는 밤」 전문

김세환 시인의 시편들에는 회화적인 요소들을 곳곳에 배치하여 독자로 하여금 그림을 그리게 하거나 음악을 듣는 듯한 착각에 빠지게 한다. 공감각을 모두 자극하여 독자는 마치 한 편의 '워낭소리'란 영화의 몇 장면을 보는 듯한 착각에 빠지게 한다. 농촌에서 나고 자란 체험이 자연스런 관찰로 녹아든다. "별똥별 하나가 / 또 / 떨어져 내린다 // 빗금을 그으며"란 잦은 행가름을 통하여 회화성을 강조하고 있다. 우리 시인들은 시적 회화성에 주목해야 한다. 그 모든 일련의 상황들을 관장하는 '별똥별 하나'는 누구일까? 그는 작가 자신이기도 하고 독자를 향한 양보이기도 하다. 독자에게 별의 자격을 부여한다는 것은 그만큼 시적 완성도가 깊고 독자에 대한 배려심이 깊다는 말로 풀이할 수 있다,

시에는 여러 가지 접근 방법이 있다. 사실을 그대로를 써내려간 진술이 있는가 하면 사물을 세밀하게 관찰하고 묘사하는 방법, 그리고 사물이나 사건에 대한 자신의 생각을 되돌아보는 성찰의 방법 등이 그것이다. 김세환 시인이 택한 것은 주로 회화적, 사실적 묘사를 통한 성찰의 방법이다. 성찰의 방법은 너무나 친절하여 독자로 하여금 생각할 여지를 남기지 않기 때문에 자칫하면 시적 완성도를 떨어뜨려서 적절히 구사하기가 조심스러운 방법인데, 김세환 시인은 자신의 성찰을 은연중에 적절하게 주지시키면서도 독자가 기분이 좋아지는 희망적인 결말로 이끌어낸다. 시인이 선택한 시제들이 자연이나 그리움처럼 얻기 쉬운 소재지만 내면의 깊이를 되돌아보게 하는 성찰과 시적 완성도가 심화되고 있다.

시를 쓴다는 것은 경험을 나열하는 것은 아니다. 또, 자신의 생각들만을 나열하는 것도 아니다. 시를 쓴다는 것은 사물을 바

라보고 상상을 가미하여 새로운 시각을 나타내는 일이다. 그런데 김세환 시인은 시의 눈을 뜨고 있는 중이다. 아니 시의 눈이 밝은 작가다. 그가 써나가고 이끌어가는 시들은 자연이나 사물 속에서 발견해 낸 사실에 대하여 주관적 시야를 포기하고 객관화하여 주관적 성격을 드러낸다. 나를 포기하는 것이 나를 두드러지게 하는 효과이다. 우리 엄마는 어떻고 우리 고향은 어떻고 식의 과거의 경험이나 생각을 고집하고서는 새로움으로 도약하기 어렵다. 신차의 개발, 신제품의 개발이 회사의 운명을 좌우하는 것처럼, 새로운 개념의 시형식을 도입하는 것만이 시인의 운명을 좌우한다. 김세환 시인은 자연은 인간에 있어 최고의 스승이지만 인간을 무력화하는 적인 점을 깨닫고 한 작품이라도 완성도 높은 작품을 발표하는 것만이 시인이 살 길임을 잘 안다.

이상에서처럼 주마간산 격으로 김세환 시인의 시세계를 들여다보았다. 한 편의 슬픈 동화책을 읽은 것처럼 가슴이 아리다. 시인은 젊어서 애틋한 사랑을 했던 것 같다. 그리고 그 사랑은 이루어지지 못하고 아직도 가슴 속에 남아 있는 것 같다. 그런데 누구나 가슴속에는 사랑이 들어있다. 그걸 표현하면 아내나 남편에게 죄가 된다고 생각할 필요는 없다. 그리움이라는 것은 사람을 존재하고 사유하게 하는 큰 동력이 될 수 있기 때문이다. 정진 또 정진하여 두 권 세 권 시집을 내면서 노력하신다면 지역사회와 문단에서 주목받는 시인이 되리라 믿어 의심치 않는다.

김세환 시인의 시를 한 마디로 집약하자면 '그리움을 통한 인생의 반전'이라는 말을 써야 할 것 같다. 김세환 시인이 어떤 인생을 살아왔는지는 정확히 알지 못한다. 그러나 그의 시들을 면

밀히 검토해볼 때 그리 평탄하고 원만한 인생을 살아오셨다고 보기는 어렵다. 그의 시 속에는 원망이 들어있지는 않지만 자조 섞인 글들이 여러 군데서 보였기 때문이다. 이를테면 얼음이나 복수초를 통해 자신이 '이웃을 품을 수 있을까, 따스해질 수 있을까'하는 식의 자조 섞인 푸념인데, 이는 결국 자신을 되돌아보고 단단하게 만드는 채찍이 된 듯하다. 평생 놓지 못할 그리움을 가슴속에 품고서도 그 파란 많은 역정을 이겨내고 마침내 자신이 꿈꿔왔던 시인의 세계로 들어서고 있는 김세환 시인에게 우레와 같은 응원의 박수를 보낸다.

김세환 시집

프로포즈

초판 인쇄일 2013년 4월 10일
초판 발행일 2013년 4월 15일

지은이 : 김세환
발행인 : 김순진
주 간 : 지성찬
부주간 : 권순진 임영석
편집장 : 전명숙
디자인 : 김초롱
발행처 : 도서출판 문학공원
등 록 : 2004년 3월 9일 제6-706호
주 소 : (우편번호 130-814)서울 동대문구 난계로 26길 17호
(신설동 114-89호) 삼우빌딩 C동 302호 스토리문학사
전 화 : 02-2234-1666
팩 스 : 02-2236-1666
홈페이지 : http://cafedaumnet/yob51
이메일 : 4615562@hanmailnet

2013©김세환

* 책값은 뒤표지에 있습니다.
저자와의 협의에 의해 인지는 생략합니다.
잘못된 책은 교환해드립니다.

국립중앙도서관 출판시도서목록(CIP)

프로포즈 : 사랑하는 사람들에게 권해주고픈 마음 따뜻한 詩 : 김세환 시집 / [김세환 지음]. -- [서울] : 문학공원, 2013
p. ; cm

ISBN 978-89-6577-065-7 03810 : ₩10000

한국 현대시[韓國 現代詩]

811.7-KDC5
895.715-DDC21
CIP2013002522